Timidino,
le roi du pinceau

Arnaud Alméras est né à Paris en 1967. Il vit aujourd'hui à Sceaux avec sa femme et ses trois filles. Parallèlement à son métier de rédacteur à *J'aime lire*, il invente des histoires pour les enfants.

Du même auteur dans Bayard Poche
Mystère et carabistouilles - Courage, Trouillard ! - Le lit voyageur (J'aime lire)

Mérel est né à Mulhouse en 1952. Après des études aux Beaux-Arts, il a enseigné le dessin, puis s'est lancé dans l'illustration de livres pour enfants : il en a publié plus d'une centaine. Il est aussi fier de son diplôme de vingt-cinq mètres en nage libre que du Prix des incorruptibles (1991) et des Bonnemine d'or (1992 et 1996) qu'on lui a décernés. Il adore les grands voyages à l'autre bout du monde... ou les expéditions au coin de sa rue.

Du même illustrateur dans Bayard Poche :
P'tit Jean et la sorcière - Léo contre Léa - Le sifflet du diable - Le prince congelé - Ma mémé sorcière (J'aime lire)

Deuxième édition

Dépôt légal : avril 2003
Loi du 16 juillet 1949 sur les publications destinées à la jeunesse.

Timidino, le roi du pinceau

Une histoire écrite par Arnaud Alméras
illustrée par Mérel

J'AIME LIRE
BAYARD POCHE

1
Charmante princesse

Un matin, le peintre Timidino arrive au palais. Le roi veut lui parler. Le roi en personne ! En entrant dans la salle du trône, Timidino fait sa révérence. Le roi lui dit :

– Monsieur Timidino Del Pinso, je souhaite que vous fassiez le portrait de Victorine, ma fille adorée. Vous êtes un peu jeune, mais on dit que vous avez beaucoup de talent.

À cet instant, Victorine entre dans la salle du trône. Timidino a le souffle coupé devant la beauté de la princesse. Il cherche un compliment à lui faire, mais ses idées s'embrouillent, et il reste muet comme une carpe.

Le roi ajoute :

– La princesse mérite un chef-d'œuvre ! Je compte sur vous, Timidino...

Timidino s'incline, tout intimidé :

– Je ferai de mon vieux... Heu, de mon mieux, Majesté !

La princesse fait alors visiter le palais à Timidino pour qu'ils choisissent ensemble l'endroit où Victorine posera* pour son portrait. Au bout de quelques minutes, Timidino chuchote à la princesse :

– Excusez ma curiosité, mais qui est cette personne qui nous suit sans cesse ?

– C'est Dame Hortense, ma dame de compagnie. Elle veille sur moi.

Timidino trouve que cette dame a l'air d'une vieille chouette.

* Poser pour son portrait, c'est ne pas bouger pour que le peintre puisse travailler.

Mais, déjà, la princesse pénètre dans une ravissante cour intérieure. Elle s'assied sur un banc de pierre :

– C'est là que je viens quand j'ai besoin de calme.

Le peintre s'exclame :

– Princesse, je ferai votre portrait ici. La lumière est très belle. Je vais chercher mon matériel...

À cet instant, on entend un grand brouhaha dans le palais. Le riche seigneur Vil Minois surgit. Il s'incline devant Victorine :

– Princesse, je vous apporte un modeste cadeau, ces quelques fleurs...

Une longue file de valets chargés de milliers de roses remplit alors la petite cour.

La princesse sourit :

– Je suis flattée, mais vous me gâtez trop... Chaque jour des cadeaux nouveaux !

Timidino revient déjà avec son matériel, il a du mal à se faufiler entre les serviteurs de Vil Minois.

Quand la princesse l'aperçoit, elle prend un air embarrassé :

– Je suis désolée, monsieur Del Pinso... Pourrions-nous commencer mon portrait demain ? Je n'ai encore choisi ni ma robe, ni ma coiffure, ni mes bijoux !

Le peintre rentre chez lui et, sur le chemin, mille pensées tournent dans sa tête :

« Cette princesse est charmante. Elle est douce, elle est intelligente, et puis elle est si belle ! Je crois que je suis amoureux ! »

2
Le roi des cornichons

Le lendemain, Timidino retourne au palais. Il installe sa toile devant la princesse. Tandis qu'une servante finit de la coiffer, il sort ses pinceaux, ses tubes, et il prépare ses couleurs sur la palette. Mais quelque chose le met mal à l'aise. Il se retourne : Dame Hortense observe tous ses gestes dans son dos.

Cela le rend nerveux et il fait tomber ses pinceaux. Pour s'amuser, la princesse dit :

– Mais calmez-vous, nous n'allons pas vous manger !

Timidino sursaute et renverse son chevalet avec son coude. Il pose la palette sur sa chaise pour ramasser le chevalet, mais il marche sur un tube de peinture, qui éclate.

Timidino s'assied sur la chaise pour enlever sa chaussure... Splatch ! Il avait oublié la palette

posée dessus ! Il se relève brusquement et, cette fois, ses fesses sont aussi barbouillées que sa peinture.

Victorine cache son visage dans ses mains et elle baisse la tête. Timidino pense : « Elle pleure de désespoir devant ma nullité. » Il n'ose plus faire un geste.

Dame Hortense tremble d'indignation :

– Monsieur le peintre ! Vous n'êtes pas au cirque, vous êtes au palais, devant une princesse !

Soudain, Victorine part d'un énorme fou rire. Timidino bafouille des excuses, il ramasse ses affaires comme il peut. Victorine finit par dire :

– Allons, Dame Hortense, vous voyez bien qu'il ne l'a pas fait exprès !

Elle se tourne vers le peintre :

– Vous avez besoin de vous changer, Timidino. Nous ferions mieux de commencer mon portrait demain, vous ne croyez pas ?

Ce soir-là, Timidino regarde son assiette sans pouvoir avaler une bouchée. Il n'a jamais été aussi malheureux : « Cette princesse est divine... Et moi, je suis passé pour le roi des cornichons ! »

Le lendemain, Timidino s'apprête à donner son premier coup de pinceau lorsque le seigneur Vil Minois apparaît dans la cour :

– Princesse, je sais que vous aimez les oiseaux. Puis-je vous en offrir quelques-uns ?

Une longue file de valets descend l'escalier. Chacun d'eux porte une cage à oiseaux en or.

– Ce n'est plus un palais, c'est une volière ! s'écrie la princesse.

Vil Minois se frappe la poitrine :

– Chère princesse, c'est plus fort que moi. Rien n'est trop beau pour vous !

À ce moment-là, il remarque Timidino, et il déclare :

– Je suis le seigneur Vil Minois, ami du roi, et grand admirateur de la princesse.

La princesse présente le peintre :

– Voilà le peintre Timidino Del Pinso, qui va réaliser mon portrait.

Vil Minois éclate de rire :

– Ah, oui, le fameux peintre qui a si joliment barbouillé le sol et qui s'est même assis dans sa peinture ! Ah ! C'est vraiment original de peindre avec les fesses… Bravo !

La princesse lui répond sèchement :

– C'était un accident, ça arrive à tout le monde !

Mais Vil Minois continue :

– J'ai peur d'être moins original avec ces quelques perruches, ce rossignol, ce couple de perroquets des îles, ces six serins, ces quatre colombes…

Timidino s'éloigne en marmonnant :

– S'il doit présenter chaque oiseau à la princesse, il y en a pour trois heures ! Décidément, nous n'arriverons jamais à faire ce portrait.

Timidino tire un carnet et un crayon de sa poche. Il s'assied dans un coin de la cour et il se met à faire des croquis* des valets. Puis il observe le seigneur Vil Minois. Il se dit : « Et si j'en faisais un… paon ? Mais oui, bien sûr ! Un paon orgueilleux qui fait la roue ! Et Dame Hortense, je vais la transformer en… vieille chouette ! Bonne idée ! »

Au bout d'un moment, Timidino en a assez d'attendre le départ de Vil Minois. Il pose son crayon et son carnet sur son chevalet, puis il s'en va.

* Dessins faits rapidement.

3
Ignoble Vil Minois !

Le jour suivant, quand la princesse arrive enfin dans la cour intérieure du palais, Timidino remarque aussitôt que quelque chose ne va pas.

Dans une main, Victorine tient un écrin* ouvert, dans l'autre main, un message.

Elle semble en colère…

– Ah non ! s'écrie-t-elle. Ce Vil Minois m'em-

* Boîte à bijou.

bête à la fin ! Ce n'est pas parce qu'il me fait des cadeaux que je vais être amoureuse de lui... Non, je ne veux pas de son collier. Et je ne veux pas l'épouser. Qu'il me fiche enfin la paix !

Victorine s'assied sur le banc de pierre. Timidino toussote, et il finit par oser dire :

– Excusez-moi, mais vous froncez les sourcils et vous boudez. Vous allez gâcher votre portrait ! C'est tellement mieux quand vous souriez...

La princesse hausse les épaules :

– De toute façon, je dois être très moche, vous ne me dessinez jamais.

– Pourquoi dites-vous des choses pareilles ?

– J'ai regardé le carnet de croquis posé sur le chevalet. Vos dessins sont splendides... Tous les sujets vous intéressent et vous les réussissez tous... Le paon est presque aussi prétentieux que Vil Minois. Et la chouette est plus vraie que Dame Hortense ! Mais moi, je ne vous intéresse pas du tout !

Timidino rougit :

– Mais au contraire, je... Comment vous dire... Vous êtes si belle... J'ai peur de vous rater...

Alors, la princesse lui fait son plus beau sourire :

– Avec le talent que vous avez, comment pourriez-vous rater un tableau ?

En entendant ces mots, Timidino se sent de nouvelles forces... Et il commence le portrait. Il peint deux heures de suite avec un grand bonheur.

Le soir, en quittant le palais, Timidino entend une voix qui vient de derrière une statue :

– La princesse m'a fait un affront terrible mais, grâce à ton aide, elle ne pourra pas m'échapper… Ha ! ha !

Timidino frissonne : « Cette voix, je la reconnais. C'est celle de Vil Minois. À qui parle-t-il ? Que manigance-t-il ? » Il s'approche de la statue et il tend l'oreille.

Vil Minois explique :

– Ce flacon contient un philtre d'amour. Tu vas tremper ma bague dedans. Ensuite, tu verseras discrètement le philtre d'amour dans le verre que tu serviras à la princesse lors du bal... Alors elle deviendra folle d'amour pour moi ! Ha ! ha ! ha !

Vil Minois ajoute :

– Je t'apporterai ma bague tout à l'heure à l'office*. Il faut la tremper juste avant le bal, sinon le pouvoir disparaît. Ah, j'oubliais, voilà la moitié de la récompense promise…

* Pièce située près des cuisines, où les serviteurs préparent la table.

Timidino a le vertige, il s'appuie contre la statue. « Oh ! Saleté de Vil Minois ! Ce monstre veut faire boire un philtre d'amour à la princesse pour l'épouser ! »

Le peintre voit passer le valet qui fait joyeusement tinter ses pièces d'or. Quand il a disparu, Timidino s'éloigne sur la pointe des pieds.

« Il faut que j'empêche ça. Allons vite la prévenir ! »

4
Au placard, le valet !

Timidino arrive devant les appartements de la princesse. Il tambourine à la porte. C'est Dame Hortense qui lui ouvre :

– La princesse est occupée.

– C'est très important. Il faut que je lui parle !

Timidino entre, mais Dame Hortense s'accroche à son bras.

Elle crie :

– Mais vous êtes fou ! Au secours !

En arrivant dans la chambre, il s'immobilise : la princesse est en jupons. Timidino balbutie :

– Excusez-moi, princesse, je ne savais pas... que vous vous... sinon, bien sûr...

Et il fait demi-tour en courant.

– Malotru, brigand, voyou ! lui crie Dame Hortense en claquant la porte.

Tout essoufflé, Timidino s'adosse à un mur.

Il remarque un ruban par terre. Il le ramasse en marmonnant :

– La vieille chouette a laissé une plume dans la bataille... Je vais attendre qu'elle soit calmée, et je lui rendrai son ruban.

Timidino le glisse dans sa poche.

Au même instant, au bout du couloir, apparaît le valet de Vil Minois. Timidino le suit. Par la porte entrebâillée de l'office, il voit le valet qui pose la fiole sur une table.

Timidino s'approche par-derrière, il attrape une grande canne rangée près de la porte.

Il se glisse derrière le valet et il lui donne un bon coup de canne sur le crâne.

À cet instant, Timidino entend des pas. Il pousse le valet dans le placard, il souffle vite la chandelle qui éclaire l'office. La porte s'ouvre… sur Vil Minois !

– C'est l'heure ! dit le seigneur. Voilà ma bague. Rappelle-toi, tu dois la tremper dans le philtre d'amour juste avant d'entrer dans la salle de bal…

Dans l'ombre, Timidino met la perruque et les habits du valet. Puis il cache son visage dans un mouchoir. Vil Minois est intrigué :

– Qu'est-ce que tu as ?

– J'ai le rhume des foins… Ça va passer.

Vil Minois s'impatiente :

– Prends ma bague et dépêche-toi ! À tout à l'heure !

Timidino voit alors sa veste de peintre qu'il a jetée dans un coin. Le ruban de Dame Hortense dépasse de sa poche.

– Tiens, ce ruban me donne une idée...

Il finit de se préparer. Il se regarde dans un petit miroir, et en deux coups de ciseaux, il raccourcit ses longues moustaches pour ne pas être reconnu. Il serre les poings et il dit :

– Et maintenant, débarrassons la princesse de cette infâme crapule de Vil Minois !

5
Et voilà le résultat !

Timidino entre dans le grand salon et il s'immobilise. Il y a tant de monde ! Mais déjà le chef des domestiques lui pose un plateau sur les bras :

– Qu'est-ce que tu fabriques, espèce d'empoté ! Dépêche-toi !

Timidino aperçoit la princesse. Il se précipite vers elle.

Victorine le regarde d'un air curieux, puis elle commence à rire :

– Mais... non, je ne rêve pas, monsieur le peintre ! Pourquoi ce déguisement, cette perruque et ces moustaches coupées ?

Timidino murmure :

– Chut, princesse ! Il ne faut pas que je sois reconnu, il se passe des choses très graves... Prenez un verre.

– Non, merci, je n'ai pas soif.

Timidino sent dans son dos le regard de Vil Minois. Il insiste :

– Je vous en prie, faites ce que je vous dis. Je vous expliquerai plus tard...

La princesse prend un verre.

Pendant ce temps, Timidino sort de sa poche le flacon et il le verse dans un autre verre. Puis il se retourne vers Vil Minois en lui présentant ce verre. Vil Minois prend le verre rempli de philtre d'amour et il murmure :

– Mission réussie, bravo ! Buvons à mon mariage avec la princesse !

Il boit en une gorgée.

Il devient soudain très pâle, ses yeux regardent fixement l'autre bout de la salle.

Le roi s'approche à cet instant :

– Eh bien, Vil Minois, qu'avez-vous à soupirer autant ?

– Je pense à Dame Hortense...

– La dame de compagnie de Victorine ?

– Elle est si belle, si douce...

– Cette vieille chouette ? Elle est toujours de mauvaise humeur ! répond le roi.

Vil Minois sourit :

– Sa méchante humeur… m'enchante ! Et j'aime tellement ses beaux regards langoureux…

– Mais elle a de petits yeux noirs qui lancent des éclairs ! s'étonne le roi.

– Elle est si gracieuse…

– Mais elle marche comme un canard ! corrige le roi.

– Ah, Majesté, je dois vous faire cet aveu… Je meurs d'amour pour Dame Hortense ! s'écrie Vil Minois.

Et Vil Minois se précipite vers elle. Il lui fait le baisemain, et il l'entraîne aussitôt dans une valse étourdissante. Dame Hortense est tout émue :

– Mon cher, êtes-vous devenu fou ?

– Oui, je suis fou... d'amour pour vous ! Ô vous, le plus rare diamant qui soit au monde... épousez-moi !

Dame Hortense est bouleversée :

– Comment un tel bonheur est-il possible ? Moi qui vous aime en secret depuis de si longues années ! Vous êtes si élégant, si distingué !

Timidino est éberlué :

– Il a suffi que je trempe le ruban de dame Hortense dans le philtre d'amour avant de le verser dans le verre de Vil Minois, et voilà le résultat !

Mais, déjà, la princesse le rejoint :

– Pourquoi toutes ces cachotteries ? Pourquoi ce déguisement ?

Timidino murmure :

– Venez, trouvons un endroit tranquille, je vais tout vous expliquer.

Et il entraîne la princesse au-dehors.

6
Dans les roses

Dans la pénombre de la terrasse, Timidino raconte tout à Victorine. Quand la princesse comprend que Vil Minois est désormais amoureux de Dame Hortense, elle pousse un long soupir de soulagement :

– Bon débarras ! Vous m'avez sauvée... Mais pourquoi avez-vous pris autant de risques ?

– Vous… je… heu… Je ne voulais pas qu'il vous arrive une catastrophe…

– Vous m'aimez donc un peu ?

Timidino tombe à genoux :

– Mais je… Oui, bien sûr ! Ô princesse…

La princesse s'approche de Timidino. Sous le coup de l'émotion, il cherche à s'appuyer sur le rebord du balcon, sa main glisse, il bascule, et il disparaît dans un massif de roses.

La princesse se met à rire. Elle descend l'escalier pour rejoindre Timidino quand, soudain, Vil Minois et Dame Hortense s'avancent à leur tour sur la terrasse. Vil Minois s'exclame :

– Enfin seuls ! Ah ! Ma tendre Hortense. Ah ! Ma douce, je veux vous épouser dès demain. Ah ! Ma perle des îles, embrassons-nous !

Alors, sous le balcon, Timidino prend la main de Victorine et il lui chuchote :

– Il a raison, embrassons-nous !

J'AIME LIRE

Les premiers romans à dévorer tout seul

Se faire peur et frissonner de plaisir Rire et sourire avec

plaisir Rire et sourire avec des personnages insolites
Réfléchir et comprendre la vie de tous les jours

tous les jours Se lancer dans des aventures pleines de

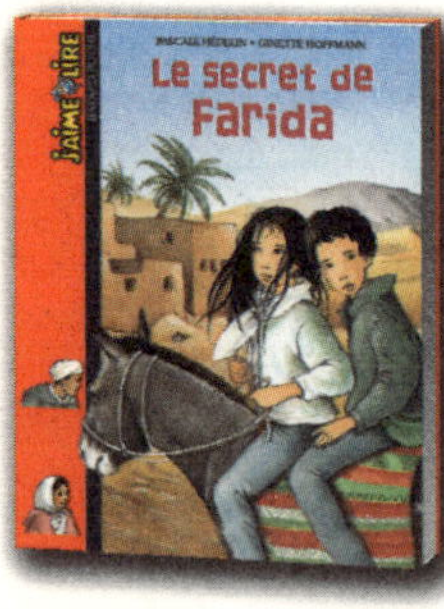

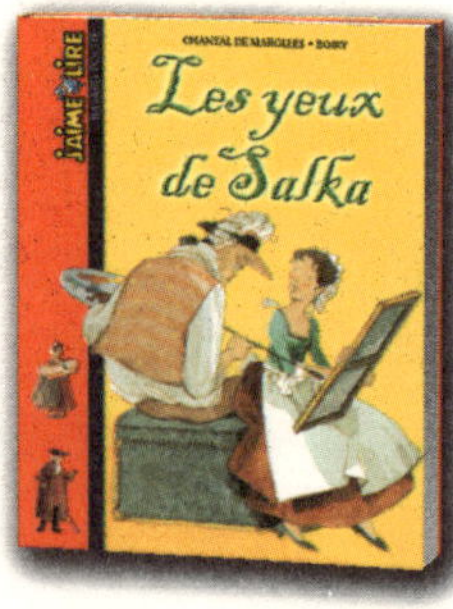

rebondissements Rêver et voyager dans des univers fabuleux

Princesse Zélina

Plonge-toi dans les aventures de Zélina,
la princesse espiègle du royaume de Noordévie.

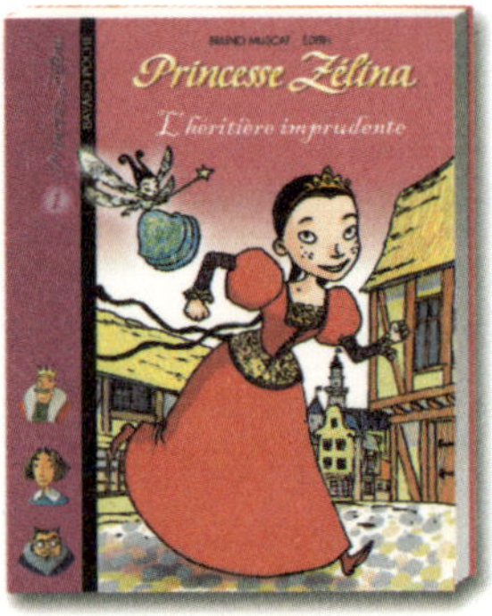

Découvre les plans diaboliques de sa belle-mère qui voudrait l'écarter du trône... et fais la connaissance du beau prince Malik, un précieux allié pour Zélina.

Retrouve Zélina dans *Astrapi*, le grand rendez-vous des 7-11 ans.

Tous les 15 jours chez ton marchand de journaux ou par abonnement.

Achevé d'imprimer en juin 2003 par Oberthur Graphique
35 000 RENNES – N° Impression : 5092
Imprimé en France